BEI GRIN MACHT SICH IHR WISSEN BEZAHLT

AF151543

- Wir veröffentlichen Ihre Hausarbeit,
  Bachelor- und Masterarbeit

- Ihr eigenes eBook und Buch -
  weltweit in allen wichtigen Shops

- Verdienen Sie an jedem Verkauf

Jetzt bei www.GRIN.com hochladen und kostenlos publizieren

Sener Saltürk

Anarchie in Uwe Timms Novelle "Die Entdeckung der Currywurst" – das Gewürz menschlich-sinnlichen Aufbegehrens

GRIN Verlag

Bibliografische Information der Deutschen Nationalbibliothek:

Die Deutsche Bibliothek verzeichnet diese Publikation in der Deutschen National-
bibliografie; detaillierte bibliografische Daten sind im Internet über http://dnb.d-
nb.de/ abrufbar.

Impressum:

Copyright © 2004 GRIN Verlag GmbH
Druck und Bindung: Books on Demand GmbH, Norderstedt Germany
ISBN: 978-3-656-30358-9

Dieses Buch bei GRIN:

http://www.grin.com/de/e-book/204009/anarchie-in-uwe-timms-novelle-die-entde-
ckung-der-currywurst-das-gewuerz

GRIN - Your knowledge has value

Der GRIN Verlag publiziert seit 1998 wissenschaftliche Arbeiten von Studenten, Hochschullehrern und anderen Akademikern als eBook und gedrucktes Buch. Die Verlagswebsite www.grin.com ist die ideale Plattform zur Veröffentlichung von Hausarbeiten, Abschlussarbeiten, wissenschaftlichen Aufsätzen, Dissertationen und Fachbüchern.

Besuchen Sie uns im Internet:

http://www.grin.com/

http://www.facebook.com/grincom

http://www.twitter.com/grin_com

Anarchie[1] in Uwe Timms Novelle „Die Entdeckung der Currywurst" – das Gewürz menschlich-sinnlichen Aufbegehrens

I. Manipulation der Sinne führt zur inneren Abstumpfung des Menschen – der Verlust des Geschmackssinns

Die NS-Zeit kann als eine Zeit der Massenideologie angesehen werden. Um diese zu durchzusetzen, ist es notwendig auf eine effiziente Art und Weise große Teile der Bevölkerung für die Ideologie zu gewinnen. Deren Verbreitung und Aufrechterhaltung geschieht über die (Manipulation der) Sinne, welche angesprochen werden. Hierbei kommen neben **auditiven** Formen der Vermittlung wie z.B. durch den „Volksempfänger" oder Massenkundgebungen, ebenso **visuelle** Reize zur Geltung, die durch Wochenschauen, Aufmärsche, Uniformen und Fahnen bewirkt werden.

Die Sinne können sich in diesem starren Gebilde nicht frei entfalten, da sie komplett beherrscht werden. Zudem spielen Angst und Misstrauen eine zentrale Rolle für den Einzelnen im Hinblick auf die allgegenwärtige Kontrolle, da bei Zuwiderhandlung gegen die Doktrinen der Diktatur jederzeit mit Bestrafung zu rechnen wäre. So dürfen beispielsweise keine fremden Radiosender gehört werden, wodurch sich individuelle Geschmäcker nicht ausbilden können. Die nicht selten unfreiwillige Teilnahme an Massenkundgebungen, insbesondere wenn absurde Durchhalteparolen verkündet werden, können nicht darüber hinwegtäuschen, dass die elementaren sinnlichen Bedürfnisse auf der Strecke bleiben.

In der Novelle „Die Entdeckung der Currywurst" finden wir eine Bevölkerung vor, die an sinnlicher Armut darbt. Ihre Sinne, im besonderen der **Geschmackssinn**, sind aufgrund der Ermangelung an (gutem) Essen dermaßen beeinträchtigt, dass von einem Esserlebnis nicht gesprochen werden kann. Dies hat zum einen den Grund, dass in der Nazi-Herrschaft der Verzehr von Nahrung lediglich einem organischen Zweck dient. So wird seitens der Machthaber noch bis Kriegsende primitives Unkraut wie die Brennnessel oder

---

[1] **An|ar'chie,** <auch> A|nar'chie <f. 19> *Zustand der Gesetzlosigkeit, polit. Unordnung* [<grch. *anarchia* „Herrenlosigkeit"; zu *an* „nicht" + *arche* „Herrschaft"] (Wahrig Deutsches Wörterbuch)

der Löwenzahn, die in erster Linie als Hasenfutter –also „Tierfraß" - dienen und für Menschen allenfalls in größter Nahrungsnot in Frage kommen, beschönigend als „Wildgemüse" (S. 113) tituliert. Im Gegensatz dazu wird an anderer Stelle erzählt, wie Lena Brücker, die als Leiterin der Kantine der Lebensmittelbehörde u.a. für die Verteilung der Lebensmittel zuständig ist, mit „Frühkarotten" den „Vitaminbedarf" (S. 71) der Machthaber sicherstellt.

Nahrung im Sinne der Nazi-Ideologie –und Realität untersteht dem Dogma des Nutzens für das Regime. Sie wird kontrolliert, rationiert und blendet zugleich jegliche Formen sinnlicher Erlebnisse, die nicht zuletzt die Qualität einer Mahlzeit ausmachen, bewusst aus, zumal diese für die Kriegsziele irrelevant sind. Dies gilt freilich nicht für die Entscheidungsträger in diesem System:

„Der Geist braucht, hatte Goebbles gesagt, erstklassige Menus, sonst ist er einfallslos, krittelnd (...). Ein leerer Magen vertieft jeden Zweifel (...). Darum müssen in den zentralen Propagandastellen gute Köche arbeiten" (S.52).

Dieses Zitat bestätigt zugleich, dass auch für die Machthaber der Nutzen der Nahrung (für die gemeinsame Sache) im Vordergrund steht. Obwohl sie über einen mehr oder minder freien Zugang (auch zu kostbaren) Lebensmitteln auch in Kriegszeiten verfügen, sollen sie mithilfe dieser primär effizienter arbeiten und nicht zuletzt dem Staat gegenüber loyal(er) dienen.

Die Bevölkerung hingegen genießt diese Prioritäten nicht, ein Umstand, der Konsequenzen in puncto Lebensqualitäten hat und Spuren hinterlässt. Dies wird deutlich am Beispiel des fahnenflüchtigen Bremers, der quasi ‚aus lauter Hunger' sein Essen nicht mehr genießen kann: *„(...) reinschlingen konnte er nicht, er musste ja schmecken, langsam essen" (S. 34).*

Hierbei besteht die Speise – eine Krebssuppe-, welche ihm Lena Brücker zubereitet hat, nicht aus Original-Zutaten, sondern größtenteils aus Gewürzen, die den Krebssuppengeschmack imitieren sollen. Sie selbst nennt diese zudem *„falsche Krebssuppe"* (S. 30). Hinzu kommt, dass aufgrund der andauernden Lebensmittelknappheit auch sie inzwischen nicht mehr weiß, was den charakteristischen Geschmack einer Krebssuppe[2] ausmacht:

„Aus wenigem viel machen, sagte sie, aus der Erinnerung kochen. Man kannte den Geschmack, aber es gab die Zutaten nicht mehr, das war es, die

---

[2] Dass sie beim Zugeben Zaubersprüche „(Sipprisa, sipprisapprisumm", S. 31) verwendet, suggeriert, dass sie ihren Geschmackssinnen nicht vollständig vertrauen kann.

Erinnerung an das Entbehrte, sie suchte nach einem Wort, das diesen Geschmack hätte beschreiben können: ein Erinnerungs-Geschmack" (S. 35).

Ähnlich verhält es sich mit dem Kaffee-Ersatz „Eichelkaffee", den Frau Brücker mangels echter Kaffeebohnen nach dem Krieg in ihrer Imbissbude verwendet. Während der Geschmack von echtem Kaffee ohnehin nur in der Erinnerung existiert, die zunehmend verblasst, hat der Eichelkaffee zusätzlich den Effekt, den Geschmackssinn selbst zu töten:

„Wer den Kaffee über einen längeren Zeitraum trank, verlor, behauptete meine Mutter, langsam den Geschmack. Der Eichelkaffee hat die Zuge regelrecht gegerbt. So konnten Eichelkaffeetrinker in dem Hungerwinter 47 sogar Sägespäne in das Brot einbacken, und es mundete ihnen wie ein Brot aus bestem Weizenmehl" (S.11).

Der Verlust des Geschmackssinns hat jedoch nicht nur Ursachen in der mangelnden Qualität der Nahrung, sondern auch psychische, wie in der Figur Bremers, einem desertierten Soldaten, den Lena Brückner in ihrer Wohnung versteckt hält, thematisiert wird: *„Tatsächlich aber versuchte er, überhaupt etwas zu schmecken. Es war der Moment, als er sich selbst sicher wurde, dass er den Geschmack verloren hatte"* (S. 134)[3]. Bremer macht sich Gedanken um seinen Geschmacksverlust: *„Vielleicht verliert man tatsächlich etwas für immer, wenn man sich ergibt oder wenn man flieht, andere im Stich lässt, vielleicht zerbricht etwas Unsichtbares, aber doch Festes in einem, dachte er. [...] , es ist nicht das Rauchen, sondern dass du dich hier von einer Frau verstecken lässt. Du bist ein Schwein, dachte er"* (S.138). Er leidet an der Untätigkeit, zu der ihn seine Flucht verdammt hat. Daneben quält ihn sein schlechtes Gewissen, gegenüber seinen Kameraden, sie im Stich gelassen zu haben und nicht mehr seine Pflicht zu erfüllen. Die Nazi-Doktrin manipuliert die Menschen derart, dass der vollkommen vernünftige und natürliche Wunsch sein Leben zu schützen und sich in den letzten Kriegstagen nicht sinnlos zu opfern, dazu führt, dass sich Bremer nicht mehr als vollwertiger Mensch fühlen kann. Dies hat Auswirkungen auf seine Sinne.

---

[3] An mehreren Textstellen wird das ‚Kau-Erlebnis' beschrieben, das in der Nazi-Zeit ebenfalls abhanden gekommen ist, vgl. S. 82 Lena Brücker beim Genießen einer Torte: „Sie lutschte diese Happen regelrecht, und beim Lutschen kam etwas in ihr Gesicht [...], ein den Körper verwandelndes Genießen". Vgl. auch das gemeinsame Kaugummi-Kauen, S. 123: „ Sahen einander an, wie sie die Unterkiefer hin- und herschoben [...], ein Kauen, das einen Geschmack erzeugte [...]. Sie sahen sich kauend an und lachten beide los"

Die oben beschriebene Gleichschaltung in Verbindung mit der Abstumpfung der Sinne führt zu einer kompletten Selbstverfremdung oder gar zum Verlust des Menschseins. Die bloße Zuführung von verträglichen Nährstoffen reicht soeben aus, um lediglich den Körper eine Zeit lang am Funktionieren zu halten. Dieser Umstand führt jedoch zwangsläufig zur inneren Gegenwehr des Menschen, dessen Ausleben von Lust, Sinnlichkeit und somit auch von Vielfalt lebensnotwendig sind.

Dies ist der Hintergrund, vor dem Anarchie in der Novelle „Die Entdeckung der Currywurst" betrieben wird. Hierbei geht es nicht um anarchistische Handlungen, die aus politischen Ideologien oder Ambitionen heraus geschehen, sondern um das pure menschlich-sinnliche Aufbegehren, welches insbesondere mit dem Fokus auf Nahrung thematisiert wird. Die Anarchie erwächst aus privaten, d.h. individuellen Bedürfnissen heraus. Aus diesem Grunde ist diese bei jedem Einzelnen verschieden ausgeprägt. Die im folgenden beschriebenen Charaktere der Novelle, ein Koch namens Holziger, die Kantinenleiterin Lena Brücker und der Soldat Bremer, haben jeweils ihre eigene Form der Beschäftigung und Ausübung ihrer Anarchie.

Diese Formen der Anarchie finden nicht im Untergrund, sondern in der Küche oder im Schlafzimmer statt.

II. Holzinger: Kampf dem ‚Gift' durch Gegengift

Holzinger hat die Gabe mit Nahrung und Gewürzen auf den Körper und das Gemüt eines Menschen einzuwirken: *„Der Koch ist gut, ein Zauberer..."(S.33)*, *„Er ist ein Zauberer,..., er macht aus fast gar nichts etwas und etwas Ausgezeichnetes aus etwas. Und wie? Sein Geheimnis ist, wie er würzt."(S.53f)*. Holzinger benutzt sein Talent auf unterschiedliche Weise: zum einen, um die Nazis zu schwächen, zum anderen, um Menschen zu heilen. Sein beruflicher Werdegang wird folgendermaßen gezeichnet: *„Holzinger stammt aus Wien, „...hatte im Erzherzog Johann jahrelang als zweiter Saucenkoch gearbeitet. Und später als erster Saucenkoch auf dem Passagierschiff Bremen. [...]"* (S.33); *Holzinger wurde bei Kriegsbeginn in die Rundfunkkantine des Reichssenders Königsberg dienstverpflichtet"*(S.52). Später wurde er *„von dem Sender entlassen und zur Lebensmittelbehörde in Hamburg versetzt"*(S.53). Holzinger arbeitet weiter in der Kantine der Lebensmittelbehörde und beköstigt dort während der Besatzungszeit die englischen Besatzungstruppen.

Holzingers Macht, um Sabotage betreiben zu können, ergibt sich daraus, dass die Nazi-Hierarchie, der sich jeder zwangsläufig zu beugen hat, im Moment der Nahrungsaufnahme umgekehrt wird. Das Essen stellt einen Prozess dar, dem sich niemand entziehen kann. Der Körper nimmt fremde Substanzen auf, fängt an sie zu verdauen und die Nährstoffe zu verwerten. Damit der Körper funktionieren kann, müssen Zutaten verwendet werden, die ihm nicht schaden. Die Nazis, welche in der Kantine essen, begeben sich in ein Abhängigkeitsverhältnis gegenüber dem Koch, sie überprüfen nicht, was ihnen verabreicht wird, da sie der organisierten Hierarchie (die Überprüfung der Mitarbeiter etc.) blind vertrauen und auch das Funktionieren des Systems nicht ständig in Frage gestellt werden kann. Die Redewendung *„Schnaps ist Schnaps, und Dienst ist Dienst"* (S. 57) trifft natürlich auch auf die Machthaber zu und verdeutlicht deren Schwachstelle.

An dieser setzt Holzinger mit seiner *„Küchensabotage"*(S.56) an. Er betreibt Anarchie im Rahmen seiner ihm zur Verfügung stehenden Möglichkeiten. Diese sind zum einen begrenzt durch die vorhandene Lebensmittelknappheit, zum anderen durch die Gefahr, dass seine Handlungen entdeckt werden und er mit dem Tod zu rechnen hätte. Dementsprechend beschränkt er sich darin, seine Gegner zu schwächen, ihnen Erbrechen und Magenkrämpfe zu verursachen und nicht, wie er es sicherlich ebenfalls bewerkstelligen könnte, sie zu vergiften: *„Holzinger übernahm die Kantine des Reichssenders. Wenige Monate später litten mehrere Rundfunksprecher und Redakteure unter Brechdurchfall, auffälligerweise immer dann, wenn es galt, militärische Siege zu melden"*(S.52). In der Person Frau Brückers, seiner Vorgesetzten in der Kantine der Lebensmittelbehörde[4], findet er eine Gleichgesinnte. Gemeinsam organisieren sie die Speisepläne und legen Wert darauf, dass für sie unliebsame Personen jene Gerichte erhalten, die sie verabscheuen: *„Seitdem bestellte sie jedes Mal Fisch, wenn, wie heute, Gauredner Grün kam. Der Vater von Grün hatte einen Fischladen, und Grün hatte mehrmals betont, dass ihm, wenn er Fisch auch nur rieche, übel werde"*(S.54). Lena Brücker weiß über die Sabotageaktionen bescheid, er warnt sie zum Beispiel davor, ein bestimmtes Gericht nicht zu kosten: *„Nimm heute auf keinen Fall etwas von der Terrine vom Vorstandstisch..."*(S.56). Jedoch kann sie in diesem Zusammenhang lediglich als Sympathisantin und nicht als Komplizin bezeichnet werden. Sie ist eine Person, die bei einer Befragung durch einen Gestapobeamten Holzingers Handlungen deckt (vgl. S.53f), auch eine gewisse Genugtuung dabei empfindet, aber selbst nicht aktiv wird.

Die Reichweite der Sabotageaktionen Holzingers ist unmittelbar an den beköstigten Gästen auszumachen, die unter Verdauungsstörungen leiden. Die Sabotage greift jedoch weiter. So macht sich Holzinger seine erste Anstellung im Reichssender Königsberg zunutze, um durch die Übertragung der Reden im Volksempfänger die Wirkung seines manipulierten Essens bekannt zu machen: *"Es gibt (...) eine mitgeschnittene Radioaufnahme, in der ein Sprecher bei den Worten unsere siegreichen Fallschirmjäger zu würgen beginnt, nach Kreta kommt ein akustisches Loch, das Mikrophon wird vom Sprecher kurz abgeschaltet, dann folgt ein gerülpstes erobert, das in Kotzgeräusche mündet. Aus"*(S.52f).

Holzinger ist in seinen Handlungen vorsichtig und er hält sich mit Äußerungen sehr bedeckt. Wenn er zu den Vorfällen befragt wird, gibt er Gründe an, die von

---

[4] Er wird von der Gestapodienststelle dorthin versetzt, obwohl ihm keine Zuwiderhandlung nachgewiesen werden kann.

ihm wegweisen, so zum Beispiel die hygienischen Verhältnisse oder eigene Krankheitssymptome: *„Er verwies auf die ihm gelieferten Lebensmittel. Salat könne er schließlich nicht keimfrei kochen, auch nicht die Buttermilch.[...] Er habe selber zusammen mit dem Sprecher unter Magenkrämpfen gelitten"* (S.53). Wie bereits erwähnt bleibt Holzinger auch nach der Kapitulation Nazi-Deutschlands leitender Koch der Kantine: *„Er wurde, nachdem die Engländer seine für ihn zubereitete Gulaschsuppe gegessen hatten, nicht einmal mehr gefragt, ob er in der Partei gewesen ist"*(S.115f).

Seine Motive, Anarchie und Sabotage zu betreiben bleiben relativ unklar. Ihm ist eine gewisse makabere Haltung zu eigen, die sich zum Beispiel in folgenden Begebenheiten äußert: *„Holzinger hatte, gleich nach der Nachricht von Hitlers Tod, für den 2. Mai Erbsensuppe angesagt, das Lieblingsessen des Führers: die Posaunen von Jericho, ha, ha"*(S.87). *„Wer ist es denn, fragte er* [Holzinger] *mit ludrigem Blick. Der dachte natürlich gleich an einen der leitenden Herren, die er beköstigte. Das wär die höchste Kochkunst, Widerlingen und Kotzbrocken den Geschmackssinn amputieren zu können"* (S.136). An einer anderen Stelle macht Holzinger die Feststellung *„...ich möchte den Kollegen von der Batteriefabrik eine Rede ersparen"* (S.56). In diesem Falle wäre die Motivation nicht in rein persönlichen Gründen zu suchen, sondern als Solidarität zu Kollegen zu verstehen.

Neben der Sabotage, die Holzinger gegen die Nazis betreibt, nutzt er seine Fähigkeiten auch, um anderen etwas Gutes zu tun. So bittet ihn Lena Brücker um Rat, als sie feststellt, dass Bremers Geschmackssinn abhanden gekommen ist: *„Innere Schieflage, sagte Holzinger [...]. Eine Schwerblütigkeit, die vom Herzen kommt.*

Und was ist dagegen zu tun?

Basilikum. Haben wir nicht. Noch besser Ingwer, ein Gewürz gegen die Schwermut. Haben wir erst recht nicht. Oder Koriander" (S.136).

An dieser Stelle wird ebenfalls deutlich, welchem Personenkreis sich Holzinger verbunden fühlt und seine Sympathie gilt, nämlich der Bevölkerung, für die er sich einsetzt.

Darüber hinaus erwähnt Lena Brücker: *„Holzinger hatte von seiner kleinen Tochter erzählt, die es nicht abwarten könne, endlich wieder zur Schule zu kommen – noch war die geschlossen"* (S.141). Diese Äußerung könnte einen

Hinweis auf eine private Motivation bieten, den Wunsch ausdrücken seiner Tochter wieder ‚normale' Lebensumstände bieten zu können. Gleichzeitig ist es auch einleuchtend, dass in der Erzählung keine triftigen Gründe genannt werden oder auszumachen sind, da sich –wie oben erwähnt- Widerstand ohne politische Ziele formieren soll, dieser quasi ein selbstverständliches (und auch erstrebenswertes) Handeln darstellt, eine reine Menschenpflicht, die keiner Erklärungen bedarf.

III. Lena Brücker – Kampf gegen die persönliche Abstumpfung

Bei Lena Brücker äußert sich die Anarchie in anderer Form. Im Gegensatz zu Holzinger – dessen Reichweite sich immerhin über den Volksempfänger an die gesamte Bevölkerung erstreckt – erwächst die Anarchie bei ihr aus dem Inneren, es sind anarchistische Handlungen aus persönlichen bzw. privaten Gründen. Sie erkennt ihre innere Abstumpfung (*„mein Körper war stumm und taub"*, S. 102) und versucht gegen diese zu rebellieren, Phantasien zuzulassen, zu genießen. So stellt sich ihre Hilfe an Bremer, den sie in ihrer Wohnung auch vor den eigenen, der Denunziation nicht abgeneigten, Nachbarn, versteckt hält, nicht als selbstlose Tat dar. Sie ist sich darüber bewusst, dass sie damit eine Straftat begeht, nimmt dieses Wagnis jedoch auf sich, um in erster Linie sich selbst zu helfen. Einerseits plagt sie das schlechte Gewissen, oft „weggesehen" und „viel falsch gemacht" (S. 103) zu haben und ergreift die Chance, einem zum Tode bedrohten Fahnenflüchtigen Bremer Asyl zu gewähren, verschweigt ihm über zwei Wochen lang, dass der Krieg beendet ist, um ihn bei sich zu behalten. Sie verweigert ihm, der wochenlang in ihrer Wohnung eingesperrt ist, jede Form von Information über den Kriegshergang:

„Er wolle endlich wissen, was genau los sei, sie solle ihm für einen Tag ein Radio besorgen [...]. Als sie sagte, das ginge nicht – was sollte sie auch sagen – ranzte er sie an: sie wolle wohl nicht" (S. 120).

In diesem Zusammenhang sei der relativ hohe Altersunterschied zwischen ihnen zu erwähnen, Bremer, der erst 24 Jahre alt ist und sein Leben quasi noch vor sich hat, während Lena Brücker mit ihrem fortschreitenden Alter kämpft. Es ist das natürliche, sinnliche Bedürfnis nach Zärtlichkeit, Geborgenheit und **Lust**, die sie mit ihrem ‚noch'-Ehemann „Gary", einem zwar attraktiv-charmanten, jedoch dubiosen Charakter, mit dem sie in Trennung lebt und den sie seit über anderthalb Jahren nicht mehr zu Gesicht bekam, nicht ausleben kann.

Die Bedürfnisse nach privater Harmonie veranlassen Lena Brücker zu ihren Handlungen, an denen sie sich krampfhaft festzuhalten versucht, jedoch wissend, dass sie nur von kurzer Dauer sein werden, nämlich solange, bis Bremer erfährt, dass Deutschland kapituliert hat.

Jedoch spielt auch das Essen auch in der Beziehung Brücker-Bremer eine wichtige Rolle. Ihr spielerischer Umgang mit Essen beim Zubereiten der falschen Krebssuppe verdeutlicht abermals ihren Wunsch nach einem ‚normalen' Leben, nach Abwechslung und Veränderung, nach **Spaß**, und dies in einer Zeit, die vom genauen Gegenteil geprägt ist und überdies nur dieses bietet. Dass sie gerne ‚aus der Reihe tanzt' zum Zwecke ihrer eigenen Zufriedenheit, zeigt sich bereits in ihrer Schulzeit, als sie bei der Begrüßung des Kaisers statt „Heil dir im Siegerkranz" „Bratkartoffeln und Heringsschwanz" singt. Dass an dieser Stelle der Vergleich von ‚Obrigkeit und Essen', gezogen wird und die Gunst auf das letztere fällt, ist sicherlich kein Zufall. Auch hier steht das Sinnliche vornan, bewirkt es Widerstand. Auch wenn sie von Gewissen plagt (s.u. „KZ"), bleibt es auch in der Nazi-Zeit ihre Eigenart bzw. ihre Hamburgische „Schnauze", gelegentlich ihre Meinung kundzutun. So wird sie im Gestapo-Protokoll von ihren Nachbarn denunziert, sie falle durch regimekritische Äußerungen auf, wodurch sie andere für ihre Meinung gewänne: „Ich glaube nicht, daß der Führer so kalte Füße hat wie ich (Umstehende lachen)." (S. 120).

Diese ‚Kommentare' zeigen ebenfalls auf, dass Lena Brücker per se nicht als bewusst anarchistisch bezeichnet werden kann, sondern dass sie lediglich versucht sich eine gewisse Normalität im Umgang mit ihren Mitmenschen zu bewahren. Um diese Normalität auch im Privaten zu erreichen, gibt sie sich allergrößte Mühe, indem sie versucht für Bremers „teilnahmsloses Insichhineinschaufeln" (S. 133) entgegen zu wirken. Erst hier fühlt sie sich im Gegensatz zu den vergangenen Jahren herausgefordert. Dies wird dadurch verdeutlicht, dass sie ihr gesamtes Organisationstalent als Kantinenchefin einsetzt, als sie es erreicht an schwer zugängliche Lebensmittel wie Eier und Milch und Butter zu gelangen. Das Ironische jedoch besteht darin, dass Bremer auch während dem für ihn so aufwändig beschafften und zubereiteten Essen (Kartoffelpüree mit Muskatnuss) keinen Geschmack wahrnehmen kann, während Lena Brücker verzichtet. Dies verdeutlicht ihre Beziehung zu Bremer, der in ihrer Wohnung keine Aufgabe außer der eines Hausmanns hat: „Klar doch, dem fiel die Decke auf n Kopp" (S. 133). Sie nutzt ihre Macht, seine Abhängigkeit bzw. sein Ausgeliefertsein, um ihren Bedürfnissen nachzukommen. Diese veranlassen sie zu neuen, auch anarchistischen, Taten.

IV. Curryketchup: „süßlich-scharfe Anarchie" – der wiedergewonnene Geschmack

Der Curry steht als Leitmotiv der Novelle dienend für die verborgenen und vergessenen Sehnsüchte, für Lebensqualität im allgemeinen. In jedem Fall wird diese in der Novelle durch die Erlangung sinnlicher Erfahrungen ausgedrückt. Während beim Verzehr des Curry der Geschmackssinn im Vordergrund steht, äußert sich die Darstellung von Lebensqualität insbesondere durch die irrationalen Bedürfnisse der Menschen. Der Curry spricht nicht lediglich die Geschmackssinne an, sondern übt eine immense Wirkung auf die unbewussten, d.h. geistigen Areale aus und verfügt dadurch über einen unmittelbaren Zugriff auf die Psyche und Befindlichkeit des Menschen. Er besitzt somit das Potenzial für Veränderung und Schaffung von etwas Neuem. Im Falle der Novelle macht er Anarchie erst möglich.

Der Curry kontrastiert die Paradigmen der Nazi-Lehre und führt sie ad absurdum. Er stellt auf sinnlicher Ebene eine Opposition zum von den Nazis gepriesenen „Wildgemüse" dar, das den inneren (d.h. psychischen) Zerfall des Menschen bewirkt und repräsentiert. Er regt die (zu jeder Zeit) bestehenden inneren Bedürfnisse an und vermag ebenso diese zu befriedigen.

So greift Holzinger zur Beschreibung des Geschmackserlebnisses beim Verzehr von Gewürzen auf eine Metapher zurück, die auf ihre ekstatische Wirkung verweist „*Gewürze, das sind auf der Zunge die Erinnerungen an das Paradies*" (S. 33). Hier steht er fürs Glücklichsein, aber auch die Lust, welche mit einem Superlativ wie Paradies lediglich umschrieben werden können.

Von einem ähnlichen Vergleich ist ebenfalls bei Bremer die Rede. Hier sind es in der Tat ‚Erinnerungen' aus einer inzwischen fernen Zeit:

„*Und Bremer, damals gerade achtzehn Jahre alt (...). Hat ihn der Erste Offizier mit an Land genommen, zum Essen. Hühnerfleisch mit Curry, das schmeckte, sagte Bremer, wie ein Garten. Geschmack aus ner andern Welt. Der Wind; die Schlange, die beißt; der Vogel, der fliegt. Eine Erinnerung, als man mal Pflanze war*" (S. 82)

Der letzte Satz weist bereits auf die sinnlich-halluzinogene ‚Wirkung' des Curry hin. Dieser fördert die ohnehin stets vorhandene, jedoch nicht länger kultivierte bzw. unterdrückte, typisch menschliche Irrationalität. Das Frönen dieser Irrationalität stellt vor dem Hintergrund nationalsozialistischer Gleichschaltung der Gedankenwelt per se eine subversive, d.h. anarchistische Handlung dar. An anderer Stelle berichtet ein englischer Reisender, einer Bekanntschaft Lena Brückers in der Nachkriegszeit, u.a. über die wahrnehmungsverändernden Eigenschaften indischer Gewürze. Der Curry, so meint er, würde vor allem angenehme Träume herbeiführen:

„Er habe einmal einen Curry gegessen und danach geträumt, eine Zibetkatze zu sein, ausgerüstet mit einer fabulösen Duftdrüse" (S. 112).

Natürlich kontrastieren die Paradigmen von Traumwelten und sinnlicher Rauscherfahrungen, welche die *Droge* Curry produziert, die sinnentleerten Angebote bzw. Zwänge der Nazi-Einheitsbreis. In dieser Funktion neutralisiert der Curry das Gift des Nazi-Dogmas, er entlarvt und entmystifiziert diese, dergestalt, dass sie als Krankheit identifiziert in der Bedeutungslosigkeit verschwinden. Immerhin stehen sich zwei verschiedene Wahrnehmungswelten gegenüber – es konkurriert das „Paradies", die höchste Ebene des vorstellbaren Glücks, mit den „Wildgemüse".

Bei Lena Brückers (zufälliger) Entdeckung des Curry*ketchup* ist von *„Ali Baba und die vierzig Räuber, Rose von Stambul, das Paradies"* (S. 180) die Rede. Die Prostituierten an Lena Brückers neu eröffneten Imbissbude, die als erste Kunden das fertige Produkt Currywurst kosten dürfen, hatten zuvor einen *„faden Geschmack im Mund" (S. 182).* Nachdem sie die Currywurst gekostet haben, entfalten sich ihre Geschmackssinne. Der nun wahrgenommene Geschmack, der, so eine der Prostituierten, *„eenfach schaaf"* (ebd.) ist, verdeutlicht die Opposition „fad – scharf", das letztere geht über die Geschmackserfahrungen hinaus, es steht als solches für die wieder erlangte Lebensqualität schlechthin, während hingegen „fad" erneut den Zustand der Abgestumpftheit verdeutlicht, welcher sich aufgrund der entsprechenden Lebensverhältnisse im Laufe der Nazi-Diktatur eingestellt hat:

„Det isset, wat da Mensch braucht, det is eenfach schaaf" (ebd.). Auch an dieser Stelle dient der Curry gleichsam als Heilmittel und Überwindung des alten. Noch deutlicher wird dies am Beispiel Bremers, dessen Geschmackssinn erst nach einigen Jahren beim Verzehr seiner (ersten) Currywurst, die er an

Lena Brückers Imbissude kauft, wiederkehrt: *„Und da, plötzlich, schmeckte er, auf seiner Zunge öffnete sich ein paradiesischer Garten"* (S. 185).

Der Eigengeschmack des Curry besteht aus einer Mischung aus „süßlich" und „scharf", die auf symbolischer Weise auf mehrere Oppositionen verweisen. *„Scharfer Wind [der „raue Wind" der Nazi-Zeit] braucht scharfe Sachen [Curry]"* (S. 9). Das erstere stiftet einen faden *Lebens*geschmack, der durch die ‚scharfe Sache', das Gewürz Curry, übertüncht und aufgehoben wird.

Des weiteren, so behauptet Lena Brücker, löse die Currywurst *„die Zunge, die schärfe den Blick"* (S. 10). Dies ist zudem ein Verweis auf den **Sehsinn**, der in umfassender Form durch die o.g. Umstände in der Nazi-Zeit beeinflusst wurde, dergestalt, dass auch von Blindheit gesprochen werden kann (vgl. die Bilder von den Konzentrationslagern, die sich Lena Brücker nach der Kapitulation mit Bremer ansieht): *„Fotos, bei denen Lena Brücker der Hunger verging, obwohl sie morgens nichts gegessen hatte, Fotos, die sie wie benommen nach Hause gehen ließen, Fotos, die ihr die Frage stellten, was sie all die Jahre gedacht und gesehen hatte, oder genauer, woran sie nicht gedacht hatte und was sie nicht hatte sehen wollen"* (S. 146). Verstärkt wird dies zudem durch Bremer, der, nachdem er diese Bilder selbst angeschaut hat, die begangenen Verbrechen in KZs als *„Gerüchte"* (ebd.) abtut. Erst an dieser Stelle ruft Lena Brücker sich die Verbrechen, bei denen sie selbst nur zugeschaut hat, ins Gewissen: *„Sie entdeckte Frau Levinson. Ein SS-Mann nahm ihr den Koffer ab, als sie auf den Laster stieg, von zwei behandschuhten Händen nach oben gezogen. Frau Levinson winkte ihr, schon auf dem Laster stehend, zu, so wie man winkt, wenn man wegfährt, aber verstohlen [...]. Lena Brücker hatte zurückgewinkt, verstohlen, so verstohlen, daß sie sich danach, auf ihrem Weg zur Arbeit, schämte."* (S. 148/49).

Auf der Ebene des Sehens spielt die **Farbsymbolik**, die in der Novelle zum Ausdruck kommt, eine wichtige Rolle, insbesondere in bezug auf den Kontrast zwischen der Farbe der Unterdrückung und der Schwermut, dem Grau[5], und

---

[5] Zahlreiche Textstellen verweisen auf die dominierende Farbe Grau: „Gauredner Grün, der in seiner braunen Uniform käsiggrau wirkte (S. 55); „Die Sonne schien, und dennoch sahen die Menschen dort unten grau und trübe aus (S. 71); ein englischer General verordnet khakibraune Uniformen statt der

dem Rotbraun der Currywurst: *„Ihre Herkunft hängt mit dem Grau zusammen, dessen Gegensatz im Schmecken das Rotbraun ist"* (S. 183). Dieser Komplementärkontrast von grau und rotbraun, ist es auch, der Moni, einer der Prostituierten, das Geschmackserlebnis beim Verzehr ihrer ersten Currywurst bereitet: *„Das Grau hellte auf. [...] Es wurde ihr richtig warm, die lastende Stille laut, ja sagte Lisa, det macht Musike, jenau"* (S 182). Das Grau symbolisiert die Lethargie, das Verschwinden der Sinne und des Menschseins. Nur vor diesem Hintergrund ist das Rotbraun die Farbe der Hoffnung und des Neubeginns. In diesem Kontrast bewahrheitet sich die Currywurst selbst als Leitmotiv für das Leben: *„[...] mit diesem Geschmack auf der Zunge, wie die Zeit damals war, aus der die Currywurst kam: Trümmer und Neubeginn, **süßlichscharfe Anarchie"*** (S. 183).

In demselben Verhältnis, allerdings mit geschmackssinnlichen Begriffen beschrieben, stehen *süßlich* und *scharf* zueinander, die das Oxymoron *„süßlichscharf"* konstituieren. Sie vereinen die Gegensätze, und zwar die der schwierigen Lebensumstände in der Nachkriegszeit, die jedoch im Gegensatz zur NS-Zeit -trotz oder gar ,wegen' der Anarchie, dem Chaos- besser oder zumindest spannender, d.h. lebenswerter zu sein scheinen.

„Currywurst verbindet das Fernste mit dem Nächsten, den Curry mit der Wurst" (S. 10), sagt Lena Brücker. Es ist die Symbiose der Irrationalität des Menschen und seines Bedürfnisses nach Vielfalt und Veränderung, im weiteren Sinne das Streben nach Individualität, Freiheit und einer neuen Staatsform.

---

grauen (S. 105); Dr. Fröhlich legt seine braune Parteiuniform ab und erscheint erstmals in einem grauen Anzug (S. 114)